Skin Deep

Esta obra ha sido apoyada por la Dirección General del Libro, Archivos y Bibliotecas de Portugal (DGLAB) y el Instituto Camões.

El sueño de Europa es una colección dirigida por Lauren Mendinueta

Título original: *Skin Deep*
© *António Carlos Cortez, 2024*

Cubierta: No disparen al artista Hilma Af Klint

© Traducción: Verónica Aranda, 2024

© *Editorial Difácil, 2024*
editorial.difacil@gmail.com
www.difacil.com
I.S.B.N.: 978-84-10363-09-0
Depósito Legal: VA 651-2024

Imprime: Máxtor Gráficas / Impreso en España

ANTÓNIO CARLOS CORTEZ

Skin Deep

Traducción de Verónica Aranda

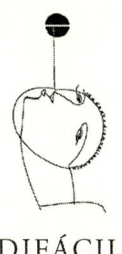

DIFÁCIL

Et poésie, si ce mot est decible,
N'est pas de savoir, là où l'étoile
Parut conduire mais pour rien sinon la mort,

Aimer cette lumière encore?
L'amande de l'absence dans la parole?

YVES BONNEFOY

Kiss of our agony Thou gatherest
O Hand of Fire
Gatherest —

HART CRANE

Lo real y su análisis

Ahora tenías un libro blanco
la casa ordenada   la biblioteca organizada
por colecciones (ensayo   poesía
política   Libros sobre símbolos   Diccionario
de mitología   diccionarios de símbolos
filosofía   la apología de sócrates sobre todo
el arte   recuerdas un libro sobre
arquitectura maya   otro sobre símbolos
egipcios) y cuentas que liquidar   El sol daba en la mesa
de madera... libros abiertos sobre el dorso exhausto
de esa madera vieja lisa, dura, clara...
el trabajo de la garlopa portuguesa... las ondas
de madera artesanal la sangre
coagulada sobre la mesa

Oscillate wildly

Cf. The Smiths

Fue después de hace mucho,
después de la desaparición de un mundo
¿Qué sentido puede haber en la pérdida
de sentido? Tal vez sólo sea posible
definir lo que perdemos cuando
ante una música así
entendemos el pretérito perfecto
que detuvimos en una isla como si
fuese un agua vertiendo la sangre
que quisiéramos contener, impidiendo
su súbito arrastre   No hay voz
en oscillate wildly, del recuerdo apenas
el polvo similar al que se pega en la superficie
antigua de una mesa no tocada
Símil de la piel intacta donde exangüe
hace poco aún era posible reconocer
la herida o el placer resbalando hasta
un límite, tal vez un fin donde vivir
era estar presente en el ritmo puro
de oscillate wildly

El nombre negro

El nombre negro y algunos instrumentos
de perforación para que alinearas sobre la piel
recuerdos esa era ahora tu ocupación
primera. Habías recibido en un bar la noche anterior
escuchando *The smiths* la nostalgia —ese perro de ternura—
subiéndote a los ojos penetrando con su aguja
en el oído sensible imágenes antiguas   Esperaste que bajara
el sol y al dejar en la noche sonidos oclusivos
(el libro lo real el análisis)

El poeta

A G.C
cf «Orfebre-Grabador»

Busco en el lenguaje (todavía)
la poesía de ese orfebre-grabador
el hacedor ilustre de los versos donde vibra
la imagen tensa ígnea y viva

de un arte quizás perdido
pero preservado por él cual densa
agua hasta el final de la existencia
Busco al leerlo recuperar la levedad

o el peso de la poesía libre
de los tortuosos caminos del amor
Con el poeta recibí la lección de fuego

el cristal y la llama   El dolor pessoano
leído el que vale la pena proyectar:
la *marca de agua* el sonido crepuscular

Una meditación, una respuesta

En la vida entramos por la puerta de la infancia
Lo que hablamos no dice nuestra esencia
y solo más tarde en el dolor nos reencontramos
con quienes fuimos en la traición y en la demencia
con que quisimos ser fieles
a los demás y a nosotros mismos al fuego oscuro
de ese oro inicial y sin edad
que fue nuestro cuerpo y el futuro
esa suma de pasados que creímos
prolongarse en la playa del tiempo... Oh tiempo
suspende tu vuelo... Un barco en el mar
es todo cuanto somos y nos quedamos
mirando desde la orilla el tal navío
—la vida más allá y otro río...

Mano de obra

1.

Después de la memoria el tenso arco
sobre las manos y las líneas lanza su sombra

Distingo la forma del árbol pulmonar y la sal
que está escondida en esas arenas y repito

la operación mental y visual sobre
la página ese polvo sobre la mesa

abierta y sus rayos sus corolas
(los tentáculos   las ventosas) abierto animal

iridiscente   La mano se hunde luego
en la serpiente rítmica que la ficción busca domar

Vuelve a ser un cuerpo el texto que sin prisa
trae la luz al grito y la vida traspasa o atraviesa

2.

No dormí en toda la noche
no me llegó el sueño
(la escritura la furia se retorcieron por dentro)

La poesía... *estrofa y abandono...*
En la noche insomne   escribí para adormecerme
pero era tu voz el enemigo... el desaliento

y no pude, con los ojos vidriosos, decir
lo hondo que era el foso entre nosotros...
Decidí después: escribir el dolor, el fuego lento

Poética

El agua caliente en el centro de la página
es ahí donde respiras las hojas de hierba del instante

creador como si tuvieses que inspirar o ver
en la superficie acuosa la imagen de la poesía

Estatua silente, piel fría que el poeta escribe
y modela en líneas tentando a lo real

a que robe su enigma   Anduve desiertos y desiertos
para llegar al punto final del objeto

Hoy sé que es un artefacto arpón de sonido
otra señal donde lo obvio muere en manos

de ese combate   Cuando en la noche recupero
el movimiento y reescribo busco el eco de la poesía

y bajo otro prisma trazo en el agua el trazo
y al sombrío cielo de otoño le entrego en la redacción

mi arte   su pobreza   crimen y abandono

Aurora boreal

Waiting for the sun (JM)

De camino hacia el sol la luz dinamita
el color   Me gustaba ver el verde viento construyendo
la ley del agrimensor   y bajo la aurora boreal
del texto escrito la cara encendida
del tigre   el rostro eximio del domador
De camino hacia el sol la luna devorada por el león
y el rechazo definitivo de lo que fue
carne contra carne   la redención posible
después de ver surgir en el largo horizonte
de camino hacia el sol   ese rostro vago
y concreto del poema y su luz de cobre
La infinita aurora boreal de tu vida
construida con sabia paciencia   Quiero decir adiós
al demonio que cohabita con sus garras
en mi mirada y volver a la playa del comienzo
y que la lengua restituya la aspereza noble

Laboratorio químico

Con esfuerzo silencioso entrar en el laboratorio
y ver en la palabra-concepto su exterminio
la lenta transformación del óxido precipitándose
Una palabra translúcida recupera la forma
y trae la norma austera que persigo   Un jaguar
de ciénagas ocultas se acerca y su pata
marca el territorio de la visión   Un círculo en el desierto
y la búsqueda de la lengua como si en ella
la vida ficcionada instaurase otro tiempo
De la acuosa fórmula gráfica en grabado y lápida
final buceas en ese mar de sal desmedida
de las imágenes y ves *con ojos humanos lo que no*
ve la ciencia   Con trabajo de laboratorio
las manos deshacen después el círculo donde
al animal le sucede la lenta enunciación
(y cambio la esencia de la grafía el corazón se esconde)

Nada que decir

No puedo explicar por qué razón no
tengo nada que decir sobre ese día   La tarde fresca
transcurría sobre las horas su declinar
y yo pensaba en un verso antiguo   *summer*
almost gone   Y si intercambié palabras
en el lugar reservado al cinismo lo hice sabiendo
que la poesía es otra cosa   Una forma de
morir por todo   esto   No puedo por tanto
dar por terminada la senda que un día fue mía
La mano ejecuta el nudo ciego   el nudo de marinero
cada vez que mi mirada descubre   (muda)
el asombro y el improbable sonido del canto
Pero no tengo nada que decir   El sol es un sonido
esta mañana y la casa arde en el fuego

Rimbaud

Tarde para recomenzar el verso
organizar su ley interior
su acumulación de capas de extraña
morfología   Tarde para regresar a las ardenas
de mi herida de mi profunda decepción
y saber que no habría quien pudiese
en todos los linajes recuperarme   Tarde
muy tarde para reconstruir la ciudad
y tarde para ciertas alquimias que hoy
en el umbral del siglo aún me parecen
piedras gastadas y no el oro que soñé   Estoy
en el último nivel de la monstruosidad
y sé que no tengo nada más que decir   oh madre...
nada más... me entrego al mar del desierto...
Guardo para mí el eco «la vraie vie est absente»
ausente y reavivando en el nuevo siglo el fuego
la llama del lenguaje cristalino demente

El hielo

En Lisboa, en el bar «A Cave», Rua da Rosa
2019 (noviembre)

Cuánta blancura hay en el hielo acumulado,
decías… Habíamos llegado a esa orilla
de la playa donde hace décadas había parado
un coche negro para, con la mujer de negro
y vestido ceñido al cuerpo, invitarte
a un último trago de ese gin tonic
cuyo hielo sabes que es el umbral del sexo
el gusto acre de un fruto blanco dinamitado
No te dije nada ese día   Quise cerrar la puerta
del cuarto como quien cierra la puerta del coche
y sabe que no hay más agua en que nadar
Después, con un libro abierto, midiendo palabra
por palabra escribí el tipo de rescates y asentí en el rol
de los condenados «hielo solo si fuera en una malta rápida»

Es solo el viento allá afuera

Un niño escribe (yo escribo el niño)
y en su letra leve escucho el viento allá fuera
y recuerdo esa canción de mis veinte años
«Por la tarde quiero descansar/ llegar hasta la playa
Y ver/ si el viento aún sopla fuerte/ va a ser bueno subir
a las piedras/ sé que hago eso para olvidar/
dejo que la ola me golpee/ y el viento se va llevando
todo» y yo no sé si la línea del horizonte
me distrae pero percibo que el viento allá afuera no destruye
ese descubrimiento árido del lenguaje   El niño borra
lo que sílaba a sílaba el sonido revela   Y en el instante exacto
en que podría regresar a este lado del espejo
recompongo la viva imagen y enmudecido y ciego
oigo apenas «… nada es fácil de entender/
mira ahora: es sólo el viento allá afuera…»

Retoma, redoma

… y yo no quiero nada, querría
apenas limpiar el polvo de esos días vagos
("hay días así/ días de alma vaga")
y subir de nuevo a un ascensor cualquiera
y mirar con lupa fría el dolor
descubriéndole cartílagos, nervios,
la osamenta, el sistema de los vientos…
No sé, a veces me quedo así: escuchando
el viento allá afuera y sumergido en esa onda
vocálica que me trae a la piel arena
de otros días el calor de un cuerpo solar
una sombra viva y laberintos, redes, pensamientos…
… El desgarro interior me ocupa horas y horas
This wavering slumber… slowly —

La piel profunda

Call me morbid call me pale
I've spent six years on your trail
Six long years on your trail

MORRISSEY

Pienso en mis límites,
límites que separan
el poema que hago
del poema que no puedo hacer,
el poema que escribo
del que nunca podré escribir.
Límites también, en consecuencia,
de lo que amo
y de lo que nunca podré amar.

ALFONSO COSTAFREDA

Notas

Después de leer *El desprecio*, de Alberto Moravia

Puedes llamarme lo que quieras
fueron años y años de caza   de trazos
tachados en un cuaderno de notas
el corazón desmantelado y las manos luchando
contra la furia inválida del amor incierto
y yo sintiéndome un trapo sintiéndome un hielo
¿Qué hicimos con el azul de esos peces?
¿Tienes una ausencia para mi palabra?
Puedes llamarme lo que quieras,
pero sé lo que fue arder en el hielo
cómo fue secar la mirada al aire y respirar
el olor de tu cabello   ¿Y si fuésemos ahora
a rescatar el placer del dolor? ¿Qué dirías? En un bar
a medianoche nos podemos reencontrar: tú
con los ojos de un animal acosado,
deseoso aún... ¿pero de qué?... entregados
a una forma morbosa de placer... ¿Cómo olvidar?
Y yo más desnudo que una víctima mortal,
ahogado entre las manos que tiemblan
y la voz que calla

En aquel tiempo

Recuerdo de Marrakech

En aquel tiempo la luz hería aún.
En la playa las olas del inverno riguroso se callaban
cada vez que te zambullías en ese mar
gélido, la rabia de la ternura. Revolvías las aguas
buscando una aventura cualquiera, la carne
latiendo como un cuento las branquias de un animal
mecánico, un «de soto» de los años treinta…
En aquel tiempo había una casa en la playa
donde éramos jóvenes de nuevo, mezclando
tabaco y güisqui, hachís, frutas frescas,
algún vino para endulzar la boca seca.
Un día volvimos a esa habitación.
Hacía sol. Una alondra apenada rompía
el cielo de otrora y entonces, más viejo y triste,
dije de mí para mí: estas arenas, la sal
dentro de mis poros, tal vez las conozca…
Vino una ola breve a romper con levedad
junto a mis pies descalzos, lamiendo
mi corazón exhausto, mojándolo de aquellos días…

Era

Era un animal o lo parecía
el armario enorme donde yacía la historia
interior del misterio familiar
El nombre que dábamos a esa parte de la casa
sin duda, no era más que la extensión semántica,
metáfora amplia y después agotada
porque el dolor de la separación era mayor
cuando entrábamos en ese cuarto donde
sabíamos que había pasado el fuego de la locura
Los juegos eran ahí en esa parte habitada
por fantasmas un prolongado invierno
sin cobijo (un memorial del infierno
que arrastro conmigo)... *The soft parade has now*
began   cobra on my left leopard on my right

Lions in the night

Si reinventáramos la forma de mirar
como quien nace por primera vez
la verdad es que el dolor nos sepultaría la visión
de un verano posible donde arde intermitente
el corazón en esa parte de la casa
Aprendí pronto la letra de la canción
The soft parade y la poesía me reventaba
las venas de la imaginación mientras el sol caía
como un astro en el mundo de los desastres
(Si reinventamos la forma de mirar
la escritura devuelve la tradición y emerge
en el iris la única estación y sus palabras finales
*when all else fails/ we can whip the horse's eyes
and make them sleep/ and cry)*

Recuerdos infantiles

No, ni siquiera era poesía lo que podía haber
en esos juegos (y había) en los que mis hermanos
y yo perdíamos horas y horas   Era quizás
la resistencia al mundo allá fuera   esa realidad
que nos sumergía, nos aplastaba
de la que todos teníamos que huir   En esa casa
antigua fui feliz, quién sabe   Regresé
hace días a ese territorio donde guardo
un fragmento de mí una mitad más viva
de mí   En uno de esos cajones hay un papel
escrito donde vibra el juego la vida el infinito

Lecciones de vida
(conversación de un hombre en una calle de la ciudad)

Cómo sería si nuestros caminos
se separasen   No quiero ni pensar
en eso   Algunas lecciones son como tatuajes:
aunque pierdan un poco el color, no se pierden
nunca los mensajes   ¿Cómo sería si un día
la cuerda del invierno nos retrasara el barco
donde iremos sin duda a reencontrar los signos?
No sé, no quiero saber... Estoy sumergiéndome
en un mar en cuyas raíces quiero profundizar
y ciertas lecciones son torrentes cuyos arcos
hieren y yo llegué aquí casi muerto

Después del sol
(habla el hacedor, viendo de nuevo un objeto fabricado)

En otro poema hace diez años o más
escribí «después de la carne es que nos duelen
los huesos» y hablé de la sensación de
los fantasmas cuando después de la carne
son las cosas más reales que nos habitan...
... Después de la carne... no... no es verdad:
la carne arde feliz y pronuncia su ley y muere
en la perturbación íntima de quien sepa guardarla.
Es después del sol cuando el amor acaba, cuando
a la orilla del mar el tiempo junto al cañaveral
separa lo que somos de aquello que fuimos
y nos muestra al final que no tenemos nada ni
el peso de los siglos será nuestro   Después del sol
grita un azul lunar y yo estaba equivocado al suponer
que el amor es «después de la carne» como un
cuerpo enterrado en las arenas... Después
de la carne el fuego es un deseo reprimido

Otras versiones
(vivir y morir en las vegas, una película)

La vida depende de la versión
Un corazón tatuado   un órgano
en falta   Un niño que acaba de
descubrir una luz   He estado
tan entregado a este dolor de hallar placer
en el dolor que no sé si sé lo que me importa
Tu cuerpo ya no es una cobra
indomable que me envuelve y yo
ya no seré para ti más que la sombra
que deflagra como un incendio
y te quema la piel con olor
a alcohol y enfermedad   La vida a veces
nos ha cerrado la puerta   Cómo fue que
llegaste aquí, te pregunté.   Y en tu mirada
tan solo es posible contemplar
el luto   la lucha   y la forma de
buscar en una calle un bar, una forma
de morir o una forma de estar

Unas pocas palabras sirven
(conversación de una voz de muchacha en el metro de Lisboa)

Lanzamos palabras duras
disonantes —intransitable sombra
herida que llena como un vaso
de agua la vida— y unas pocas
palabras sirven para decirte lo que sentí
pero fue así: no es que no supiese
cuánto me traicionabas y cuánto debías aún
a tus fantasmas   Ahora somos solo
el eco imposible de lo que habríamos dicho si
el camino no estuviese hoy bloqueado
en la muerte de los otros que como antes de nosotros
rasgaron la luz del signo.   Eso es lo que lamento,
ese profético destino y no tener nada
ni siquiera un verso garantizado

Nido
**(con una instalación de luz
sirviendo de conversación una noche en Lisboa)**

Nido una arquitectura de luz
En la casa que en la noche casi adormecía
Hablaban con sus voces cálidas y miradas
de quien parecía decirme «de la vida no hables/
no hables de ella que mientes»
Sí, podemos decir que en esta noche de bebida
caliente una luz densa ilumina una luz antigua
un poco rara   Luz que consume tal vez la vida
pero que nos conforta y sirve de alimento
a esta agua limpia transparente y clara
Estamos así, con el corazón apaciguado,
hablando de ese *nido* y tú recuerdas palabras que
quizás serían marcos secuencias de elipsis
(la vida es ese modo de hablar, de hacer vibrar
el amor en el tono dulce del cuerpo extendido
en el suelo como quien sabe que «de la vida no
hables» sin luz es eclipse)   Así era
esa noche de noviembre sin nieve
que la conversación diluía en la red cómplice
de las palabras el amor grave Y ¿quién podrá decir
que no hay luz en la voz —la tuya— que nos une
a una luz desnuda de sonido suave?

Tú

¿Tu nombre es una forma de vivir?
¿Es cuando en la calle una luz se agita?
Hay un vuelo en ti que quiero ver
para bucear en ti, en esa infinita

ave que sigue al nombre
y llega a tu mirada más oscura
a recordarme quién soy y esa hambre
que es una forma de vivir sin regla

alguna más allá de la que traes,
bellísima mujer de manos tiernas…
Dime: ¿con qué colores creas
el fulgor de tu rostro, la fluidez de las piernas

la blancura de esa luz nocturna?
Por ti rehíce el dolor y entregué
al fuego de mis días lo que sé:
el arte de la pobreza mi furia

y a ti me di

A love like blood

J'aime que la musique ne soit pas sourde à la chanson du vent dans la plaine, ni insensible aux parfums de la nuit.

VLADIMIR JANKÉLÉVITCH

I'm going take my time
I have all the time in the world
To make you mine
It is written in the stars above

DEPECHE MODE (MARTIN GORE)

Midnight summer dream (1981)

Ya acompañan los dedos el ritmo, la respiración de un órgano de fuego, el corazón. Habíamos entrado en la pauta de una música carnal, sensual, el cuerpo enredándose en recuerdos convulsos wakeup on a good day and the world is beautiful lo que decía esta frase era la liberación del dolor, oh música de un tiempo intenso, ileso de los desastres que la vida nos depara, he was gone i dont know where i dont remember much at all... maybe i never find him, la música, los dedos prendidos a un punto de combustión antiquísimo, vamos a escuchar esa música después de medianoche, después de que el teclado recorra el diapasón de un tumulto urbano, después de que las imágenes nos llevaran a mil novecientos ochenta, ochenta y uno, época todavía heredera de magias de los veinte años anteriores, de los cuerpos que quieren ascender a la imaginación de los días, el mundo queriendo habitarnos con la fuerza de las elegías.

Yo escuchaba esa música y soñaba con estar en el centro de la sangre, en el centro de la oculta arritmia en el centro de los símbolos. Ya los dedos se abren como un abanico de aguas profundas, el teclista y el intérprete bailan despacio y dos mujeres les consumen los rostros, son felinos con amatistas en los ojos, the stranglers, recuerdo, con un coche donde entraba como si fuese el vientre de una enorme madre desconocida —la locura de la música sensual de los días jóvenes.

Walk on by

Con una duración de minutos que son horas, oigo de nuevo este pasaje para mi tiempo interior. El escritor teclea como quien acompaña la música, el bajo fuerte, el enloquecido estertor de una voz que ahoga las cuerdas vocales en el dolor when you say goodbye, walk on by, y el teclista recorre ahora la aguda muerte de una antigua leyenda, oigo y defino mejor el perímetro de actuación del poema en prosa, soy esta música de un cóndor nocturno, de una tesitura extraña que se me entraña cada vez que en días así, en las mañanas urbanas de lisboa, con cielo plomizo y un frío gélido que cala los huesos, anima la escritura a estás entonces en el escenario rápido, walk on by, de algún modo este órgano compite con el gran iniciador del piano clásico en la música llegada de la década de las conquistas para siempre, los cuerpos frenéticos en la dimensión presente, el presente trayendo, arrastrando como una enorme cobra que muda de piel, la música del pasado, el jazz serpentino de los devoradores del siglo, el blues y el jazz, nueva orleans, london fog, todo en la mezcla de una caja negra, de un cuerpo negro, la escritura que pienso que es un cuerpo muchas veces, o cuerpos, que devoraría, que devora, me devoran, borradas las fronteras entre el poema en prosa y la banda sonora de una vida llenándose de un incendio que sube hasta los últimos metros de la casa interior, a cada minuto el teclado haciendo graves y agudos, influyendo en el dolor del amor la música, walk on by, and make believe, let me breed, walk on by if you really got to go, you reaaaly got to go, go...

La música es en la poesía la astucia que libera a quien escribe de la cerebral melodía que borra el vuelo alto del lenguaje.

A love like blood (1982)

Quien escuche esta música se puede preguntar qué serpiente viene a mezclarse con la férrea respiración de un latido íntimo, con qué alcohol podemos hacer que arda la piel como una bandera que sostiene la figura como si fuese el anunciante de un infierno deseado. Escuché repetidas veces a love like blood, en un tiempo activo, sujetando mi epidermis a los tornillos de un cerebro en llamas, oí en las noches antiguas del barrio negro en la casa roja, a la luz de una desesperación feliz, besando con la carne de mis nervios, las rizomáticas, tenebrosas selvas de guitarras felinas como agujas, oí, oí repetidas veces la herida exacta inoculando su negrura, y el cuerpo mezclándose con otros en la pista de baile, en el frenesí de a love like blood, se entregaba a la guerra del amor fugaz, del amor como una escritura a toda velocidad, espermática escritura de aliento corporal, con ese teclado golpeándome como una lluvia ácida en el pecho, la camisa abierta para la furia de los labios instigando un viento que todos traíamos y era el viento de la pasión.

How soon is now (the smiths, 1984)

También yo estoy aquí y quiero ser amado como todo el mundo, quiero esa flor de música arcádica, de los arcanos, i am the son de un crimen pasional the son and the air, eso seré, el último de una extinta luz, i am here and i need to be loved, no sé si el lenguaje es exacto pero hay un riff de guitarra, la atormentada melancolía de una voz que anticipa mi poética de vehemente disputa con los maestros, encarnizada frase i am human and i need to be loved just like anyelse does y las lenguas se mezclan, son dos caballos de una violácea luz mental, la tradición circunscribe su perímetro de actuación y veo la veloz capa del dolor occidental, la reflejada temperatura que me sube por el cartílago de una pantalla negra, el cantante en el escenario moviéndose, cobra insinuante, buitre de sangre caliente, expulsando la versificada palabra que, mirada por dentro, es una máquina de imágenes, poleas bajando y subiendo la misteriosa creación de la escena, el diablo irritándome la cabeza con su cerebro en descenso como una flor obstructiva sobre mis ojos, me mira como quien clava una aguja de articulada belleza, así, como quien destapa la carne la muestra después al creador y dice: what difference does it make y oíamos la banda sonora de una miseria extrema, la humanidad presa por la cabeza, por la piel en los sótanos de una imaginación cansada, dios sacrificándose por enésima vez en nombre de la poesía que el mundo destruyó.

Siouxsie and the banshees (splellbound)

Entraste de noche al son de la negrura de esa voz estridente, tal vez ardiente, la letra suturándote la piel y la boca grapada a la mecánica noche ya esperada. Era una nota musical de hielo fino, quebrándote las pocas certezas que retenías —música altísima, así el verso, la multiplicación de esos versos, y después cities of dust, otra fuerza cuyo apetito nos hizo descender al fondo de los instintos: recuerdo haberte besado con la lengua de un eclipse marcando con carmín tus labios, tus ojos, el azul buzo, vencido por las mareas de los instintos agudos de esa voz, a esa voz, dobles, aullidos, ciudades de polvo, el polvo, el fervor contradictorio luciferino de un poema tan nocturno que provocase en las avenidas de la ciudad la salida de todas las personas, de sus apartamentos, así desnudas, como vigas levantadas bajo un sol antiquísimo, cuchillos, desnudas, todas, las cópulas doradas soñadas y dichas por el gran chamán —la profecía cumplida— la vida terriblemente bella, así, cuesta tanto mirarla que, mirándose todos, ciegos hacia este mundo, en una playa blanca, de hierro, despertasen.

La música y la poesía
(Oscillate Wildly)

Son profundas las relaciones entre la música y la poesía. Pero no me refiero a la cuestión órfica, pienso que ni siquiera pongo en causa la interdependencia entre sonido y sentido. La poesía nace de la música, pero sobre todo, en mi opinión, de cierta música, cuando hay un ritmo que defino como «melancólico-sensual», un ritmo que exige la escritura otra, la otra escritura que está por dentro de la escritura y produce, en el cerebro empeñado en ser motor de imágenes, explosión de un incendio erótico, la sucesión de planos. Escribo mientras escucho música, siempre —y cada vez más. En una especie de fiebre, en una especie de violencia sexual, de deseosa energía vital, como si, escuchando, todo lo que soy pudiese ser transportado a ciertas décadas —la de los 70 y 80, principalmente— y carnalmente me fuesen dadas las escenas carnales de la música sonora, la música bailada en las grandes pistas de los múltiples sonidos, definidores de la corpórea actividad de los cuerpos, es decir, la poesía es deudora de atmósferas donde se cruzan asombro y peligro, donde el ritmo correcto —la percusión de, por ejemplo, the smiths, o depeche mode, o eccho and the bunnymen, o OMD— hace que me sumerja en lo más hondo de mis pérdidas y pequeñas iluminaciones, la música me aporta la melodía precisa para que escriba como quien ama y no como quien escribe.

Piel profunda, la música

Entonces, me sucede, que despierto de madrugada, con un ritmo, una respiración que me nubla la vista, no duermo, me levanto y me dirijo hacia la hoja, el papel blanco, sin angustia alguna, nada de angustias, apenas una sed famélica, una perturbación en la mirada, como si los huesos del papel quedasen a la vista, el cuerpo de todas las épocas, el visceral ardor de los nervios, y estoy, en ese instante en que el poema recorre los pasillos del dolor, dentro de 1980, en una discoteca, heaven, o en un concierto, el poema mostrándose cual carnívora voz, golpeando, golpeándome, arrastrándome hacia la melancólica expresión de un siglo, aquél en que nacimos, antes de esta limpia realidad sin sábanas subterráneas, todo en el poema, en mi poesía, todo deriva en música, la música me explota en los poros, estoy con los punteos de esa guitarra de reel around the fontain y el círculo de nuestro amor —todos los que murieron tomados por la penetrante tenebrosa flor carnívora de la que habló el maestro poeta— haciéndose, construyéndose en la belleza de los abandonos, el poema hecho en una fragua antigua, de una fuerza similar a la de un concierto en que la voz profética fuese pronunciada.

Noir désir

Com Bertrand Cantat
Escuchando «Le vent nous portera» (2001)
Y aún The Smiths

De hecho, la poesía es para mí el arte de una pauta musical, o la posibilidad de que la música, un himno, una expresiva reunión de percusión, bajo y guitarras, de pianos, salve un día nuestras miradas de la corriente que nos arrastra al cinismo, que nos arrasa la perforante aventura de cuando fuimos niños. La poesía, la anquilosis de la enfermedad, la magia, la carne que segrega su compasión, una carne de vocablos, eso persigo. Un arte total, absolutamente total, el día en que, en un estadio con miles de rostros entregados a la desesperación de un amor buscado hace siglos, sea declamado un poema al mismo tiempo que, en un techo de luces verdosas, rosadas, un océano de acordes toca, nos despierta para el amor de todos, mirándose, besándose, los dedos líquidos, los senos juntos, apretados, cometiendo el gran crimen de apasionarnos por la música por la cadencia rítmica, la cadencia exacta, un modo de leer la realidad mucho más allá de la gramática, así —el poema, un felino, un enorme gato de ojos verdes, un puma, su voz al entonar *i've seen this happen in other people's lives and now it's happening in mine.*

Dear prudence (Siouxsie and the banshees, 1986)

Esta música me trae a la memoria un tiempo sensitivo, es decir, un tiempo mítico. Fue dolorosa, fue inquietante, fue como arrancar de la piel la costra de una emoción perforante. Escuchábamos dear prudence, creo. En un bar en la rua diario de noticias, en el barrio alto, entre rápidos coches, pasos rápidos, sombras que dejaban su lánguida expresión en miradas donde el deseo cruzaba nuestras manos. No quiero quitar dear prudence de esa banda sonora que llega de un tiempo duro, pero sensible. Tú estabas en ese bar, pero no eras tú —en mi imaginación se mezclan los rostros, sombras tenues, pero que puedo tocar. Tal vez 1996, o tal vez 2000, las fechas enturbian las aguas. Me queda permanecer a la escucha, hasta beber la última nota del jirón de esa voz resonante, esa erótica mezcla de sonidos.

Curtis May, poesía

Para Pedro Miranda Albuquerque

Escuchamos el saxofón de Curtis Amy en esa canción lenta, de graves sortilegios, de temperatura grave, de ritmo según la rabia. ¿Traemos el agua de la tristeza en la mirada? ¿Traemos en el cuerpo la dulzura de los felinos? Esa guitarra que en los dedos llora, ¿reclama para sí nuestra voz lúgubre? No tengo respuestas. El poema fluye en su rápida vertiente de linces, de fantasmas... En el saxofón de Curtis May la voz del cantante de atrevida serenidad se calló. Fue en 1968, fue esta mañana mirando dentro de la niebla y tocando con las manos las imágenes del pasado. A la orilla de la demencia, sin duda. Jazz y reescritura.

Luz carnívora

Después de «Nefertiti», Miles Davis

He llegado a crímenes imposibles de contar. Voy a contarlos. Un día
en que la noche suspendía el agua de los encuentros, te perdí. Lancé
sobre tu piel el incendio de mi saliva de mi tinta de tentáculos negros
Recorrí   san francisco entre la oscuridad de una piel de serpiente la
piel del poema que exploro como si fuese un jaguar de consumaciones
calculadas   de pasos serenos en el ataque   Escribo a una luz carní-
vora como quien canta la última elegía. Dentro de mí se rasgó la más-
cara y estoy como quien   en mitad de la trinchera al dirigir la muerte
y levantar un dios antiguo contra el tiempo actual teje con manos de
fuego la tesitura los signos —a una luz carnívora en un sol nocturno.

Malas intenciones

«No me importa lo que pienses», así el verso y su reverso. Fue en España, en un tiempo que, hoy, no puedo describir. Oíamos esa melodía, el rasgueo intermitente, la voz chillona, un poco trémula de enrique bunbury, frenético en «flor de loto», sensible en «maldito duende». Pero fue con «malas intenciones» cuando ardimos con intensidad en la pira funeraria del Momento. Años 80, finales, o ya comienzos de la década total. La poesía al alcance de una mano negra, adentrándose en la epidermis de señales absulutas, de intrépidas sonoridades, la poesía, esa intención maligna, a contracorriente del mundo, de esta realidad repleta de detritos del lenguaje. Las miradas que nos lanzábamos anunciaban, sin embargo, un pacto, un acuerdo tácito: escucharíamos la canción hasta convertirnos en el detrito, o mejor; en el meteorito, sucios frente a la claridad de la ciudad y sus leyes, animales heridos de muerte por leer entrelíneas el significado oculto de «malas intenciones».

El poema no es

Ahora la encendida llama de una voz extrema me llama. La había oído en la mañana líquida y azul, en la mañana escéptica, sin nada que esperar, la crisis de los versos, la crisis inversa al tiempo mítico. Vivo en una época acéfala, de nuevo. Ya no se puede creer en lo que son los sonidos del mundo, poeta. El mundo es solo ruido. Vociferan las fieras del momento y lo Abierto hace mucho que, de tan laso, lábil, voluble, evanescente, permitió la entrada al alto cielo del lenguaje de los que matan lentamente. O de los que lo matan velozmente. Oí también un día el arte torpe de esa jerga extraña que no le importa a nadie. El poema no es casa que le sea fácil habitar a quien, sin ninguna idea, pronuncia la violencia del exceso de significado hasta el punto de suspender metáforas, alusiones, lo prohibido. Con eso asesinando el doble sentido, el sentido último. Estoy cansado. Necesito descansar. Afuera brilla el sol y es quizás el último verso de mi vida y mirar hacia el sol y levantar la mano derecha será incluso decir adiós a la poesía, suprema prueba final. El poema no es eso que creen, ese juego. El poema es un nombre, es un yugo, el estricto sometimiento a las reglas de un fervor innombrable. Por eso, el poema no es esa estación literal donde descienden los que hace mucho dejaron el sonido y la furia y a las telas mudas del comercio y los trueques entregan la energía.

Paisaje urbano

¿Conoces «Ouvimos o Porto», el poema?
A Luís Miguel Nava, releyendo «Paisaje Ciudadano»

No nos duele más que esta visión, la ciudad sin la piel humana que la
cubre es un cuerpo muerto porque no ejercita el tránsito que lo teje
Impensable incluso pensar que otra piel extendida podría ser, desde
una terraza cualquiera, volver a ser reclamo de un corazón indómito.
No: agreste es, por momentos, la vida: saber que estamos solos y no
podemos con estas máscaras de tensión ósea traer la palabra nuestro
espíritu, pues vamos volviendo los cuerpos un mito rápido en el pai-
saje urbano en los días agrestes atados a tejidos, por cuerdas, cuer-
pos destronados.

Sal sobre las heridas
15 inéditos

Conversación noche adentro

Duró horas la revisión del mal innombrable
Hablaste con el corazón templado de acero
Comprendí cuánto erré peregriné o desistí

En la conversación noche adentro entrando el astro
triste fatal perdí lo que había construido
y estoy aquí, en marzo, resistiendo como puedo

contigo que deshaces los nudos de la lengua
yo en lucha con el náufrago al que creí
haber vencido y supongo que solo él, al final,

fue existiendo en esa forma carnal fantasmagórica
Duró horas la conversación inútil en que querías
entender las razones Pero es siempre sinrazón

el sinfín de tensiones y por eso, de madrugada ya,
borré las justificaciones y acepté la ilusoria
paz hecha de agresiones con que, digamos, irías
entonces noche adentro del corazón, a despedir
a este cuyo rostro dolió hasta la médula
en la certeza de que la vida es un mar sin fondo

hecho de arena sin sendas que, traída a la superficie,
es materia de una incertidumbre igual al mundo

Joan Didion

Fue así de hecho el día en que cambió
el día en que nada de lo que había quedó
para ser cual ceniza aunque fría   señal
del fuego inicial que hubo un día

La vida cambia rápidamente   Es tal vez demente
o un laberinto al que no podemos acceder
sin perder lo que fue nuestro   Nos sentamos
observamos el día en el que estamos y de repente

cambia todo   El mundo el segundo la hora el día
no son sino la inexplicable explicación
que se traduce en gestos inaccesibles al sentido:
esperar que alguien llegue y nunca viene

mas cuya voz guardamos en la cápsula obsoleta
del que, desvaído, no esperó a desaparecer

y nosotros, en el día transitorio repetimos: nadie
nadie sabrá cómo fue la vida, cuerda tensa,

rasgándose, partiéndose —hilo de seda—
imposible nudo asfixiante de perder
todo o casi todo porque la vida
(su sentido) irrumpe volcánica sorpresa

Arte poética (7:30 de la mañana)

Ejercicio de moldear lo que por dentro
busca la forma de la metamorfosis
Por mucho tiempo anduviste en ese centro
neurálgico de músculos y neurosis

de una forma que llevó siempre al soneto
del soneto a la combustión dentro del tiempo
reaprendiendo la forma del cianuro
la bebida corrosiva en estrofa y verso

Si todo el ritmo nace de ese enigma
de dar a los signos la sangre corroída
de una palabra que nunca se ilumina
porque es de sombra el ínfimo sentido

entonces escudriña lo que tienes contigo:
la forma de mirar que te incendia,
una forma de hablar del fuego antiguo
(la mano mental tejiendo su tela

y en la veta de cristal la misma música
—el espejo deformante y redivivo
—el recuerdo de esa playa que fue única
—el arte de grabar que siempre sigo)

Regresas al pacto transgresor
de ti contigo modificar palabras
alterarles el peso, el ritmo su rigor
saberles las arenas cuando excavas

Saber, al fin, que son siempre variables
cada vez que escritas son así:
un texto hecho fuego, multiplicables,
las formas de registrar hasta el final

el acto de vivir que solo progresa
cuando a la vida prestas esa escritura
(a la siete de la mañana siempre se vive
mirando el lienzo-texto de otra vida)

Nudo

En la noche un nudo me despierta
una onda musical de viva llama
la oscuridad es una luz ilesa
la onda del amor un cuerpo tenso

Diré por tanto nudo o nada de eso
o su total contrario, un punto fijo,
(déjate engañar: no es preciso
hacer arder el fuego en tu edificio)

No tiene nombre el nudo del que te hablo
pérdida mutación esencia riesgo
somos lo que somos: especie de hambre
o exceso de existir y que consiste

en saber ya perdida esta partida:
esto de andar aquí entre los días
esto de no morir porque en la vida
pronto se vive la muerte por otras vías

Nudos

¿Qué nudo es ese que somos siempre?
¿Qué fuego hierro frío qué hambre y brizna
es ese nudo que perfora, lento, nuestra voz?
Nudo ciego de vivir, morir, siempre me arriesgo

a revelarte el nombre: nudo de arnés,
o de amarra, o correa deslizante,
rápido, nudo de látigo, que no ves
y te estrangula en arenas movedizas

como otro nudo, tal vez americano,
medido cauto, elegante, de corbata,
sencillo alrededor de cada año,
apretando, apretando esa garganta

como ese nudo de celta, ese nudo ciego:
nudo de correr el amor, boca de lobo,
nudo que somos de acierto y error
como otro nudo, gordiano, hecho fuego.

Revelarte los nudos cotidianos
Nudo de gancho, tensión constante
entre cuerda y gancho y, quién lo diría,
soporte de la vida incierta, cierta, sana, insana

como otro nudo: el de escota y cadena
uniendo cabos de espesuras diferentes:
de la carne hasta el alma, el cuerpo ya extendido
hecho nudo de Prusia, machard e impenitentes

todos los cuerpos que en el mar —vuelta tortor—
hacen de vivir un nuevo nudo —el nudo de escalada—
porque subimos y bajamos el nudo del amor
esa amarra de trípode, nudo de madrugada

cuando no llega la saliva, nudo de correr,
a ser un nudo perfecto: cirujano…
¡Ay! ¿Quién viene a desatar el nudo de no saber
cómo enlazar el corazón de nuevo?

Te digo de una vez el nombre oculto, heráldico,
del nudo en causa: nudo de nueve y ocho o nudo de trenza:
nudo de las líneas de la mano nunca un nudo práctico
Nudo de amarre paralelo, en contradanza

en un nudo que siempre obstaculiza, de argolla,
contratos, acuerdos, pactos, nudo hilo de cuero
es nudo del escultismo, de la tierra al cielo
en llamas, al cielo sin nudos, un nudo de oro

de otro nudo (¿será de ira, o de bombero?)
que solo dentro del lazo es nudo margarita

o nudos: un nudo paulista, un nudo de cemento
atando usuario y hardware, nudo virtual

de dispositivo el nombre, ya transparente
volviendo nudo toda la comunicación
entre aplicaciones en el espacio ya de por sí demente
de un ordenador que trae dolor No

sé de otro nudo tan indistinto (¿solo el de fraile?)
así tan invisible, tan nudo ancla
Detesto el nudo de la indiferencia, odio que invade
el nudo de la intriga, el nudo de la envidia que no deja

aflojar los nudos que hay: el nudo de ajuste,
el nudo de andamiaje, el del ojal, de balso inamovible...
Metáforas para decirte: que no te asuste
el nudo de la nostalgia, el nudo que saco

de dentro del abrigo en días fríos.
Que entonces sea otro nudo el que nos enlace
Que sea un verso de Cocteau o que sean ríos
los afluentes del amor donde tan desnudos

los nudos sean, al fin, de mariposa
en el anclaje, con cuerda al cabo unida
y a otro cabo presa para que se meta
el vuelo en la meta: el amor toda la vida.

Decirte el nudo final, que estaba escrito
puedo decirte: es nudo de anzuelo, el nudo, este destino
de amarte con nudo simple, de infinito,
nunca de fuerza, pero solo de fuerza, hasta lo profundo

hasta desatar de una vez los nudos y estar contigo
no solo cuartetos, escuadras, cosa rara,
de entender que somos el nudo índigo
de un azul absoluto, un azul de aura

porque es así el nudo que nos faltaba:
hecho de la leve libertad en nosotros: fulgor,
del cordaje más fuerte el nudo que estaba
inscrito dentro del nudo de pescador.

Volver a empezar

Nada esperar   Vivir
es aceptar   Que llegue el día
con su luz o su sombra
su pájaro de sol
o piedra cruel
Nada diré   Llegué
al centro del centro
de un silencio marítimo
y haré de mis días
un altísimo muro
Tengo otra fe
sigo otro rito
Y en el corazón solo deseo
plantar el agua
de un bálsamo sereno.

Vida breve

Quién lucha y sufre y no desiste nunca
de hacer de este pasaje oculto por la selva
el paraíso que, perdido, inolvidable,
hace de cada día nuestra fe más larga;

quien fue saqueado y aun así
calló, se mordió la lengua y fue aniquilado
y reducido e hizo de la lucha una forma justa
de levantarse entero asumiendo culpas

que a pesar de ser suyas, a otros pertenecían
por derecho propio, porque expertos en intrigas
y en el arte de tirar piedras como quien
jamás falla porque, moralistas, son siempre

perfectos, geniales y excelentes e inatacables;
quien, porque leyó y quiso compartir un mundo
y transformó su tiempo de docencia antigua
en tiempo de magia remando contra mares adversos

y no quiso secar el árbol de la imaginación
de cuantos, espantados y temerosos, nunca
se arriesgaron a existir más allá de los hechos
bien instalados en la existencia vana;

el que así, convencido, vive la vida breve
y elige como ley la independencia en
relación a poderes y partidos y pactos y es
visto como pretencioso o trepa o adjetivo

más soez o sórdido que le defina;
quien así ve cómo son llevados en brazos los obtusos
los ambiguos, los descarriados tan preclaros
que muerden y atacan y a hurtadillas huyen,

¿qué puede hacer más que resistir, tejer
la joya rara de un castillo apenas suyo?
Esperar que venga la segunda mitad de esto
y seguir siendo fiel a aquel que, combatiente, vive:

aquel que se alejó después de renegado
y como perro tiñoso reaprendió, viviendo,
que el amor a los libros y a la vida entera
apenas vale la pena si tuviera sentido—

aquel abandonará rencor y rabia y venganza
y volverá silencioso para observar de cerca
a cuantos enemigos le quisieron muerto
y cuanto en él la muerte fue precio de ideales

a pagar aquí: en este lugar tan yermo
tan hecho de desiertos y tan injusto y diverso
para los cínicos propicio y para los envidiosos sereno
lugar repleto, de bienes lleno y para intrépidos

y valientes, puesto que airados y olvidados,
morada peligrosa y del todo fatal;
A aquel podrán callarlo poderes
y así harán como es de los poderes esperable.

Fingirán, como es propio de la historia de la cultura lusa,
o tan solo humana porque deshumaniza siempre,
que cuanto escribe y dice no existe, no es nada;
no lo llamarán porque es de miedo la oscura

condición ignorante de los que conspiran con todo.
No podrán, sin embargo, matar las vidas de los
que un día con aquel compartieron momentos
de alegría al descubrirse otros.

Podrán silenciarlo, fingir que no lo conocen,
intentar elogiarlo para reducirle aspectos
en que un elogio marcaría, quizás, la diferencia.
No importa nada. Escribió en la era de la indigencia

para hablar de lo mucho que acontece y hace
de Portugal este dolor de corazón que ayer
y hoy y mañana es nuestro. Antes de él ya hubo
quien habló de ese dolor sabiéndolo mejor.

Votarán en la decisión suprema y decidirán tan
en contra de aquel que un día les sirvió de mucho
y nada importa ya. Quien tanto vio y aprendió
en la conversación de los hombres y de los libros mundo

humano y deshumano, y fue traicionado y fue ignorado
puede tener la certeza de que un clavel existe:
no puede esperar nada, sin duda, de quien a ciertas horas
conjura un nuevo modo de asesinar a quien lucha.

Pero aquel que sepa, en su cuarto, guardar
cuanto la poesía y el arte le muestran de ese clavel triste
enigmas en cada pétalo jamás tocados
beberá otra agua pura y viva

por no esperar nada todo para él será sorpresa y dádiva
y, si acaso, en las horas de frialdad llegara la desilusión,
no esperar nada es el agua de beber, más inevitable,
porque debemos beber esa herida con el rostro preciso.

Lugares antiguos

Ya no estás en el lugar nefasto
y, sin embargo, él, como astro exhausto,
está en ti .¿Qué son los sueños?
¿Juguetes o juegos (lodo herida mar)
Que en el sueño cambian nuestras rutas
Por derrotas por donde hay que pasar?

Los sueños son lugares antiguos
(una curva donde una casa tétrica
gesta durante el sueño la hiel que te despierta
—casa a la que diste sudor y alguna sangre—
eso recuerdas como quien retira del pasado
sin lograrlo el ave muerta imposible
de esquivar porque es presente exangüe
pacto de no cerrar ninguna puerta)

Quizá los sueños sean eso entonces:
Lugares vírgenes en el río de fuego
donde el dolor es trampa de la entrega
ardiendo al filo de la pasión.

Existencia

¿Fue el título final de un libro?
¿Fue el libro escrito para ser grito?
el poeta tiene su nombre en la portada azul,
como procede, en alto relieve.

Te enseñó mucho y de poesía
prácticamente todo   Un día me dijo
renuncia a lo fácil   El lenguaje
de los tercetos y los decasílabos

es difícil y solo lo sabe el que, mudo,
en el palco lingüístico construye
su mundo sonoro de sentido   Debo a la imagen
del poema lo que delimito mentalmente:

existimos, sin duda, en el acto
de reaprender como cuando,
de niños, decir «no» nos definía
como esa palabra total del título

del libro, el tuyo, como ley, releído
sin que hoy sepa el mensaje
absoluto de Existencia (siento
sin embargo la poesía de él como señal del mito

inicial que hizo del muro
un universo
ejemplarmente dicho)

Balance existencial

Ahora navegamos por dos
mareas contrarias quizá opuestas
¿Mareas vivas? Razones tienes para contar
así las embestidas de esas ondas
adversas del oxímoron   Decisiones
indecisiones no lo sé Naufragamos
inseguros en los explosivos cardiacos
recuerdos   Heridas abiertas, hediondas
fábulas míticas presentes y aún
antiguas, toda la memoria como un cilicio
nos aprieta y el mar del pasado
sella con aguas vivas las mareas contrarias
donde las olas arrojan a la playa las imposibles
y olvidadas rutas de las derrotas, oh presente estado
cerrado al balanceo tú eres sangre del aria
escuchada un día cuando las expuestas heridas
eran aguas donde volver es, mirar, tal vez,
de forma equivocada porque fue incierto
navegar en las aguas de ese mar contrario

Jorge Silva Melo

¿Y si te dijera que está Artaud en un cine-bar?
¿Que godard vino a verte mientras
Leías a assis Pacheco o fingías sonreír
cuando era tu mirada de acusación y rabia?

¿Y si te encontrara allí a las puertas del San Luis?
¿Mirada irónica y melancólica, el tajo liso
Y leído como un espejo que imita
Tu forma de ser y tu forma de estar?

Yo sé. No fui de tu generación, pero te leí
Y te vi en la fundación Gulbenkian leyendo
El día de la presentación de la poesía de david[1],
Escuché la buena dicción, la aspereza correcta

De quién aprendió (¿con Osório Mateus?) a ver
Los versos como escenas vivas de la vida fugaz
Y por tanto gloriosa forma de vender así
Frente a la derrota de partir ¡y lo demás es historia!

Estuve contigo una noche, luz abierta,
De una farola cesárica[2], lisboeta,

---

[1] Se refiere al poeta David Mourão Ferreira. (Notas de la traductora)
[2] Hace un guiño a un poema de Cesáreo Verde

Escuchando, analizando, viendo moverse
La apasionada forma vital de saber hacer

Del teatro la otra escena viva, original...
Jorge, ¿qué más quieres que te diga?
Abril fue antes de abril, fue en el cine:
Antonioni, Fellini, Visconti, Oliveira y Portugal...

¿Contigo qué estuve? ¿Tres veces? Lástima
No haber pedido a luis miguel[3] a nuno júdice
En la puerta del gremio donde habías leído y dicho
Que a la poesía le asiste un incierto exacto

Que nos fotografiasen para que quedara la leyenda
Que me diría mucho y yo diría sí...
Habías leído mucho, ¿estarías agotado?
Más excepcional era estar contigo y salir de allí

Para oír tu voz subiendo a la memoria
Y, en una niebla de risa y humo y espasmo
Recuerdo otra ocasión cuando llegó gastão[4]
Y dijo qué voz terrible de tan bella la tuya:

---

[3] Luís Miguel Nava (poeta)
[4] Gastão Cruz (poeta)

Y me llamó la atención la rigurosa dicción
Fiel a la natural oralidad de decir poesía
Como quien o como nadie la dice
O quiere: desnuda, ósea, viva, porque es habla que arde.

Jorge, yo sé que llegué más tarde. Perdona. ¿A quién
Voy a preguntar ahora por qué razón la vida es breve?
¿Dónde está tu siglo pasado hecho verso e infinito?
¿Guardas un verso en el retardador, como luiza[5]?

Me encantabas, en serio, irónico, sarcástico, osado,
Mirada inquisitiva. Otros, sin embargo, dirán mejor
Qué tipo de fuego era tu fogoso amor.
A mí solo esto: ¡¡raíz parta la vida y quien ahí arde!!

¡Lo mejor es tu voz que nos cambia
Y tu ímpetu! Lo mejor es eso: la vida desvelada
Así sin que nadie se interponga entre nosotros
Nos dé un papel menor o nos gobierne.

16 de marzo de 2022

---

[5] Luiza Neto Jorge (poeta y traductora)

Ritos de paso

1.

Tendrás que entrar dentro de la casa donde
Construiste la máscara final

Tendrás que entrar y recoger redes de arrastre
Y arrastrar el rostro como un fósil gastado

Ardid de fuego ardiendo y recorrer quemando
Lo que resta del rostro de doble cara

Entrar en la casa quizás sea difícil
Como lo es cualquier rito cualquier sacrificio

No obstante es necesario este día
Para que sobreviva dentro de ti un nuevo inicio

Rito de paso ritual tú irás solo
A reconocer el dolor que ahora reina y es todo

En el centro de la nada tu verdadero rostro
Rito de arena y polvo de cualquier camino

Ahora eres tu oculta y desierta casa renovada

Noche insomne

En ti había una luz
Cristal o piedra o hielo apenas
¿Quién te dice al espejo
El sentido de esas arrugas? ¿De esas pérdidas?

La noche produce monstruos, no de la razón,
Monstruos regidos por el astro
Rojo y sin brillo   ¿A dónde van las imágenes
Del mar nocturno que tememos

Fijar en el mar de tinieblas los trazos, la negrura?
El opaco sentido sobreviene siempre
Y eleva la certeza de que oscura

Siempre es la solución de la piel hasta el hueso.
Crece en el corazón la cuerda de las realidades
Trayendo desde el fondo, como de un pozo
....

esa noche insomne, telón de teatro,
que baja, cielo de la piedra y los desastres
como cortina cerrando lo que fuiste

En la noche

1.

Noche insomne a la que pertenezco
sé de la sábana de fuego
su íntima ley desconocida

En la noche revolvemos el engaño
del tiempo y la vida entra ahora
en otra vida   Olvido la otra ley

y con el corazón cerrado decimos
adiós en la noche cruel que nuestro
dolor distante ignora y ya no es

la noche el buitre que nuestro dolor,
astuta fiera, con su herida, devora
Noche insomne, en ella tu fulgor

es el de quien, habiendo errado, otra agua
lustral dentro del terror engendra amor.

2.

No volveremos a esas arenas
Ni esas arenas serán lo que pisamos

Cada templo tiene su verdad
Y ha llegado el tiempo en que cerramos

El engaño el gozo y el dolor en esta edad
Y con otra edad, final, entramos

Dentro del sentido: ¿puede el dolor tragarse si
No vuelve, noche insomne, a ser

El amor que incendiabas
En el fuego de placer de esas arenas?

Poema

Ya tenía esta palabra grabada
en el órgano de fuego

el poema rasgando el frágil tejido
de un sentido oculto (la piel

que se desprende táctil
y colapsa la circulación de la sangre

en el exhausto exangüe signo
de la palabra que intercambiamos)

El poema vive su cremación
fuego póstumo encendido

hasta que en la piel ya nada quede
ni la persecución del amor

signo perdido

Nota al lector

Sumo a los 39 poemas de *Skin Deep* 15 inéditos que fueron escritos en los últimos seis meses, habiéndolos dado a conocer (no todos, la verdad) en una página de Facebook que mantuve hasta junio de 2022.

En esa página publiqué no pocos poemas de mi autoría, además de divulgar poemas de otros, música de mi universo personal, noticias políticas y de cultura, cosas de la vida, pasada y presente. Datos de cultura, por lo tanto. Pero como cultura es también todo libro que se publica, de poesía (o de otro género), no vi que entrasen en conflicto con el espíritu inicial de *Skin Deep* estos 15 nuevos poemas. Y si *Skin Deep* debe su título a una canción de The Stranglers, igualmente debe su división original en dos secciones a una especie de libro conceptual que funciona como un álbum de música.

La inclusión de estos 15 poemas añade a este libro-álbum —hay varios poemas basados en canciones o que hacen referencia a ellas— una nota más marcadamente intimista, en cuanto que estos poemas son formas de conjurar el mal (o males) que puede(n) asumir diferentes nombres: pérdida, separación, división-de-aguas. En cualquier caso, sometidos al orden del tiempo (y el primer semestre de 2022 estalló con toda la fuerza de una revelación), también es cierto que estos poemas marcan un reinicio. Pero un brevísimo reinicio de la poesía, ya que no tengo intención de publicar ningún inédito al menos hasta 2024. ¿Quién sabe cómo estáremos —nosotros y el mundo, nosotros, el mundo— en ese tan cercano 2024?

Skin Deep queda, así, con un total de 54 poemas. La tercera parte tiene un título portugués «Sal Sobre Feridas» —*Sal sobre las heridas*—. De eso trata la poesía: de construir un artefacto verbal que, en su música, sus imágenes, en su intento de encarnar experiencias vívidas, haga que el lector sienta que esas imágenes y esa música pueden ser suyas. Sal sobre las heridas, poesía en las imágenes y ritmos, ardor.

Como la poesía nunca está sola y no se siente sola (Michel Deguy), sea este nuevo-libro-antiguo la prueba poética de que alguien, en la vida y en la rima, insiste en intentar comprender, como Joan Didion, o como Jorge Silva Melo, lo que significa estar aquí. *In mezzo del camin*, estar aquí, en la vida, después de los apocalipsis de diversa índole, exigir rehacer, desatar nudos, o comprender hasta que punto todo forma parte de un plan tal vez mayor y que, como escribió inspirado Gastão Cruz, se puede resumir en una palabra: existencia. Sí, porque estos 15 poemas, en definitiva, hablan de eso y con los 39 anteriores forman ahora una unidad de significado musicalmente más densa y más acorde con el título del propio volumen: *Skin Deep*, lo que, como un tatuaje, queda grabado en nosotros.

António Carlos Cortez
1 de julio de 2022

ÍNDICE

SAL SOBRE LAS HERIDAS 15 INÉDITOS 57

Sobre la traductora

Verónica Aranda (Madrid, 1982) es doctora en estudios artísticos, literarios y de la cultura por la Universidad Autónoma de Madrid, poeta y traductora. Ha recibido los premios internacionales de poesía Miguel Hernández, Ciudad de Salamanca, Leonor y Ciudad de Pamplona, entre otros. Ha publicado una docena de poemarios, entre los que destacan: *Tatuaje* (Hiperión, 2005), *Épica de raíles* (Devenir, 2016), *Dibujar una isla* (Reino de Cordelia, 2017) y *Cobalto oscuro* (Cénlit, 2020). La antología *La rosa contra el lino* (Polibea, 2023) reúne una amplia selección de su obra. También cultiva la literatura infantil y la narrativa de viajes.

Ha traducido a los poetas Yuyutsu RD Sharma, António Ramos Rosa, Maria do Rosário Pedreira, Clarissa Macedo, Salgado Maranhão, Michel Thion, Flaminia Cruciani y Tamara Andrés.

Dirige la colección de poesía latinoamericana actual «Toda la noche se oyeron», en la editorial Polibea y la colección de traducciones de poesía «Mar de Babel», en la editorial BajAmar.